उम्मीदों के पंख

द्वारिका उनियाल "देव"

notionpress.com

INDIA · SINGAPORE · MALAYSIA

माँ–बाबा

स्नेहा–स्द्राक्ष

और

मेरे प्यारे बडी[1] के लिए

---

1. बडी हमारा प्यारा बीगल था और पिछले साल, तेरह मार्च को वो हमेशा के लिए इस दुनिया से चला गया

उपक्रम

पहला भाग: अस्तित्व और प्रतिबिम्ब

दूसरा भाग: पहाड़ और उसकी यादें

तीसरा भाग: ज़िन्दगी और उसकी चिपकी दास्तानें

चौथा भाग: कुछ बिखरे ख्याल और आवारा लम्हे

अग्रिम समीक्षा एवं बधाई सन्देश

हज़ार दो हज़ार शब्दों में अपनी भावनाएँ कहना फिर भी आसान है. चंद पंक्तियों में संसार समेट लाना अत्यंत कठिन है. डॉक्टर द्वारिका उनियाल की कविताओं में खोकर, उनको जी कर एक यही एहसास अत्यधिक प्रभावित करता है. इतनी सरलता से इतनी गहरी बात कह जाते हैं कि बार बार कविता को पढ़ने का मन करता है. एक और बात जो मुझे इस संग्रह में बेजोड़ लगी वो है इसकी सच्चाई. बातें हृदय को तभी छूती हैं जब उनमें छिपी सच्चाई हो. द्वारिका जी की हर कविता में सच्चाई है. आइना दिखाने वाली दिल छू जाने वाली सच्चाई. पढ़ेंगे तो जानेंगे.

– सोनल डबराल, मुंबई

प्रसिद्ध फिल्म निर्माता, अभिनेता और पूर्व वाइस चेयरमैन ओगिल्वी एंड मेथर

* * *

द्वारिका की कवितायेँ पढ़ो तो ऐसा लगता है जैसे अपनी ही डायरी के कुछ पन्ने हाथ आए हों. हर कविता आप–बीती लगती है, हर लफ़्ज़ जिया हुआ और लफ़्ज़ों के बीच की ख़ामोशी अपनी.

उसकी कविताओं की सोहबत एक दोस्त की सोहबत लगती है, जो साथ हंसता है, रोता है,

कान खींचता है और कभी–कभी बस पास बैठकर सुनता है.

द्वारिका की लेखनी की यही ख़ासियत है... ज़मीन से जुड़ी हुई और नज़र आसमानों पर.

कविता और कवि दोनों ही ईमानदार हैं. हर कविता कुछ बदल के जाती है पढ़ने वाले को.

13

कहीं सपनों को हाँकती हुई 'तेरी ज़मीं अपना आसमान' तो कहीं 'खयाल पकाने वाले चूल्हों' पर बिना टिकट उड़ते 'उम्मीदों के पंख', 'शून्य' क्या है? यह कविता सवाल भी है और जवाब भी तो 'अधूरी नज़्म' हर शायर का बयान है।

'विरासतें' याद दिलाती है हर उस चीज़ की जो छूट जाती है, 'कागज़' समय के साथ उसके बदलते रूप की कहानी है

'शेल्फ और किताबें' दास्तान है साथ बोलती किताबों की,'कालिख पुते चूल्हों' को दिखाती एक छोटी खिड़की है

'तुम्हारा गस्रर' दिलों के बीच के फ़ासलों को नापती लंबे रिश्ते की छोटी कविता है

यह एक खूबसूरत सफ़र नामा है...

– सुनयना कचरू

प्रसिद्ध कवयित्री, लेखक, हिंदी फिल्मों की गीतकार

बोस्टन, अमेरिका

* * *

अस्तित्व की खोज में उम्मीदों के पँख लगाये द्वारिका उनियाल की कविताएँ जब अपनी स्वप्निल उड़ान में अतीत की पहाड़ी पगडंडियों से निकल कर विस्तृत आकाश में विचरती हैं तो चित्रों का रूप ले लेती हैं.पाठक पढ़ता नहीं देखता है इन्हें. यक़ीन न हो तो इस संग्रह के पन्नों से गुजर कर देखें कवि की आँखें आपके साथ रहेंगी जिन्होंने जीवन के हर पक्ष को बारीक़ी से देखा, समझा और संजोया है।

भाषा की सरलता और भावों की सहजता इन कविताओं का सौंदर्य है!

– डॉ. शिशिर सोमवंशी, प्रयागराज, उत्तरप्रदेश

वरिष्ठ वानिकी वैज्ञानिक, प्रसिद्ध कवि

* * *

द्वारिका की कवितायें जीवंत होती हैं. हज़ारों मील दूर से उनके शब्द देश की माटी की सुगंध ले के आते हैं. कई बार ऐसा लगता है मानो बात तो मेरी है बस लिखी उन्होंने है. और यही तो एक जीवंत कवि की निशानी है.

— डॉ रजत पंवार, अमेरिका

प्रोफेसर

ओरेगन स्टेट यूनिवर्सिटी

* * *

डॉ. द्वारिका उनियाल की कविता बगल में आकर बैठ जाती है, जैसे हौले से उनके जीवन की कहानी सुना रही हो. पढ़ने वाले को थोड़ी देर बाद एहसास होता है कि इस कहानी में किस्से तो उसकी ख़ुद की जिंदगी के हैं. बचपन की यादें उसकी हैं, गांव का घर उसका है, पहली नौकरी उसकी है, पहला प्यार भी उसका ही है. कैसे जान लिए लिखने वाले ने वो सवाल जो उसके मन मे करवटें लेते थे? दरअसल बात ये है कि द्वारिका कविता नहीं लिखते, वो जिंदगी को सोख कर एक स्याही बनाते हैं जिसके रंगों में सब के किस्से होते हैं. उनके, आपके, मेरे. हिन्दी, उर्दू, गढ़वाली आपस में भाइचारे से मिली होती हैं इस स्याही में. इन पन्नों में बिखरी है वो स्याही. ढूँढ लीजिए आप कहाँ हैं इनमें

— वैभव मोदी, मुंबई

लेखक, गीतकार, सी ई ओ, विक्टर टैंगो

* * *

ज़िंदगी कहानियों की पोटली नहीं तो क्या है

अगर ये पोटली खोल दी जाए और वो किस्से

कविताओं का रूप ले लें तो आप समझ लें कि आप द्वारिका की किताब पढ़ रहे हैं. उनकी ज़िंदगी के कई छोटे मोटे पल बयान करती हैं ये कविताएँ। गाँव, क़स्बे, शहर और उनमें बसे छोटे छोटे पल बयान करती हैं ये कविताएँ. इन में एक सच्चाई है जो उनकी ज़िंदगी के अतीत को हमारी ज़िंदगी के वर्तमान से बड़ी आसानी से जोड़ती है. अपनी ज़िंदगी के छोटे बड़े अफ़साने

द्वारिका ने हमारे सामने ऐसे रख दिए मानों चाय का एक प्याला हो, हर रोज़ वो आम प्याला सुबह को ख़ास बना देताहै और सुकून का अहसास दिलाता है

कभी गरमा गरम जगाने वाली चाय

कभी शाम को मखमली दिलासा दिलाने वाली चाय

कभी सोचने पे मजबूर करती हुई कड़क चाय

कभी हल्के से गुज़ारिश करती हुई चाय

ये कविताएँ इन्ही चाय के प्यालों की तरह ही तो हैं

और चाय के साथ अगर एक पुराना दोस्त मिल जाए गपशप के लिए तो क्या कहना?

बस यही है द्वारिका की ज़मीन जुड़ी लेकिन ख़्वाबों के आसमान में उड़ान भरती "उम्मीदों के पंख"

ज़रूर मिलिए और चुस्की का मज़ा लूटिए.

— सुनील विष्णु के, चेन्नई
मशहूर रंग कर्मी, एवम् थिएटर के फ़ाउंडर
लेखक, अभिनेता, फ़िल्म मेकर

डॉ द्वारिका की कवितायें ज़मीन पर रहकर आसमान में उड़ने की बात कहती हैं। उनकी हर कविता मे मानवीय आकांक्षाओं का प्रतीक दिखता है। ऐसा लगता है जैसे द्वारिका जी ने हर कविता के शब्दों को अपने जीवन के अनुभव या फिर अपनी स्वप्निल दुनिया से निकाला है। उनके इस संकलन में पहाड़ से उनके गहरे रिश्ते को उन्होंने बखूबी खूबसूरत पँक्तियों के माध्यम से चित्रित किया है। उनके प्रथम कविता संग्रह के लिए अनेक शुभकामनाएँ

— डॉ संजय कुमार सिंह, दिल्ली
लेखक " कटिहार से केनेडी तक", प्रेजिडेंट हार्वर्ड क्लब इन इंडिया
प्रेसिडेंट—गवर्नमेंट एंड कॉर्पोरेट अफेयर्स, अपग्रैड

* * *

प्रोफ़ेसर द्वारिका उनियाल की कविताएँ पढ़ने एवं उनसे स्वयं सुनने में एक ऐसा आनंद है जो समय के साथ और गहरा होता जाता है!

मुझे उनकी कविताएँ पढ़कर अपना बचपन और उस से जुड़ी सभी बातें किसी ख़ुशबू भरे अहसास की तरह लगती हैं! वो कविता में सहजता और प्रकृति का काफ़ी उपयोग करते हैं! अपनी संस्कृति व रीतियों को अगली पीढ़ी तक पहुँचाने में उनका योगदान सराहनीय है!मुझे व्यक्तिगत तौर पर अक्सर लगता है जैसे उनकी कविता एक अहसास है जिसमें हम अपना जीवन भी देख लेते हैं और इसलिए शायद हम उनसे और उनकी कविता से एक मानवीय तौर पे भी जुड़ जाते हैं!

– मनमोहन कालसी, मुंबई

मानव संसाधन प्रमुख

गो एअरवेज़

That Dwarika ji couldn't have had any signature other than that of a poet, is established beyond doubt in any encounter with him – brief, long or in passing.

Memories become metaphors, experiences penned soul notes, and words evocative portraits in his poetic worldview of hope and optimism, romance and revelation. the poems not only inspire in their surprise agility at evoking the profound in the mundane, but also offer a comforting balm for aching hearts and some comfortable dares for those seeking visions of the world, beyond the obvious.

easy, engaging and enlightening, book your copies on this 'debut' flight of hope – *"ummeedon ke pankh"* and be assured that the landing will be on a ground of much love and living.

– Dr. Piyush Roy

National ward inning author, famous film critic, poet, filmmaker and a noted academic

प्रिय द्वारिका,
''प्रथम काव्य संकलन,
के लिये,
ढेरों आशीर्वाद ।

''पुस्तक का,
अवलोकन किया,
आपके कवि रूप को,
विकसित होते हुये,
देखा है ।
आपके काव्य में,
नये भावों के,
वो आयाम हैं,
जो,
मानव को,
आनंदित ही नहीं,
वरन,
नयी सोच को,
विकसित भी करती है ।
भावों का विस्तार,
नभ से लेकर,
धरा तक,
रूपायित है ।
उनके भावों की
गंध,
मन को प्रफुल्लित ही नहीं,
आशान्वित भी करती है ।
आपकी कविताओं में,

अनेक रूप बिखरे पड़े हैं,
जो कभी बेचैन करते हैं तो,
कभी चिन्तन को मजबूर करते हैं कि,
कवि अपने भावों को,
दृढ़ता से लेकर,
चल पड़ा है,
उस क्षितिज की ओर,
जहाँ से,
विश्वास की नयी,
राह गुजरती है ।

आशीर्वाद के साथ,
— डॉ. स्नेहलता दीक्षित, कैलिफ़ोर्निया
(पूर्व शिक्षिका—हिंदी
केंद्रीय विघालय प्रताप नगर, उदयपुर)

प्रस्तावना

दुनिया भर के काव्य प्रेमियों की यह ख्वाहिश रहती है कि वे शब्दों के परदे के पीछे छुपे हुए कवि को भी सार्थक रूप से जान सकें। वे उस व्यक्तित्व से रूबरू हों जिनके ख़यालों का सहारा लेकर हर पाठक एक अजीब रिश्ते में बँधता है और एक नए सफ़र का मुसाफ़िर बन जाता है। कवि द्वारिका उनियाल उर्फ़ मेरे अपने द्वारि सर दुनिया के उन शायरों की ख़ास जमात का हिस्सा हैं जो अपनी पहचान की ख़ुशबू अपनी पंक्तियों से उतरने नहीं देते। यह बात अहम इसलिए है क्यूँकि द्वारिका जी के लिए कवि होना उतना ही महत्वपूर्ण है जितना कि एक बेहतर इंसान होना है। चाहे वे एक शिक्षविध की हैसियत से उच्च कोटि संस्थानों में पढ़ा रहे हों, गोष्ठियों में अपनी कविताओं से रौनक लगा रहे हों, किसी रेल यात्रा में साथी यात्रियों को कोई क़िस्सा सुना रहे हों या चाय की टपरी पर चुस्कियां लेते हुए अनजान लोगों से अनुभव साँझा कर रहे हो, द्वारिका जी क्षण भर भी एक रोचक और काव्य रूपी जीवन शैली से दूर नहीं होते।

मुझे याद है मेरी पहली मुलाक़ात द्वारिका जी से मसूरी की बर्फ़ीली पहाड़ियों पर हुई। वे लाल बहादुर शास्त्री राष्ट्रीय प्रशासन अकादमी में कार्यरत थे। चाय पर एक दूसरे को समझने का मौका मिला तो मैंने उन के बात करने के तरीके में वो अदाएगी पाई जो सिर्फ किसी लेखक या साहित्य–प्रेमी में ही रच–बसी होती है। अपनी कहानियाँ बयान करते हुए वे ऐसे सुंदर हिंदी शब्दों का प्रयोग कर रहे थे जिन्हें आज के युग में आम–जीवन में सुनना लगभग दुर्लभ है। नयी और पुरानी घटनाओं के प्रति उनका दृष्टिकोण और उसे सामने वाले तक परोसने का अन्दाज निराला था। मैंने बिना झिझके पूछ लिया: आप लिखते हैं क्या? वे मुस्कुराए। और बोले मैं स्कूल और कॉलेज के दिनों में लिखता था पर काफ़ी समय से अपनी कलम से किसी नयी नज़्म का चेहरा नहीं उकेरा। मेरे मासूम आग्रह पर उन्होंने अपनी किसी डायरी की गर्भ में दफन कुछ कविताएं सुनाई तो मुझे यक़ीन हो गया की इनके अंदर का शायर रास्ता ढूँढ रहा है वापस काग़ज़ तक लौटने का।

आने वाले हफ्तों, महीनों और सालों में, हमारी मुलाक़ात की छोटी सी चिंगारी को एक भव्य अलाव की शक्ल देने का पूरा श्रेय द्वारिका जी को स्वयं जाता है। मैं इनके पुनर्लेखन में अपना योगदान उतना ही मानता हूँ जितना एक बंद कमरे में किसी के आने से पर्दा खोलने जितना। कमरा भी वही था और रोशनी भी वहीं थी। मेरे लिए सबसे हर्ष की बात यह है कि गुज़रते वक़्त के साथ द्वारिका जी की उल्लेखनीय स्मृतियाँ इतिहास की कोख में समाने से पहले जीवंत कविताओं में ढल जाएँगी।

आपके हाथों में यह किताब इनकी कर्मठता और इनके हुनर का सबूत है। इस काव्य संग्रह, 'उम्मीदों के पंख', में ऐसी अभिव्यक्तियाँ हैं जिनसे व्यक्ति अपनी मिट्टी का मोह, रिश्तों की पेचीदगी, ख़ामोशी में बसी हुई गुफ़्तगू, विरासत से बिछड़ने के दर्द से परिचित होता है। इन रचनाओं को पढ़कर समझना आसान है कि द्वारिका एक संवेदनशील कवि हैं, इन्हें बहुत बरीक चीजों का एहसास है और कवि मन आज की आपा–धापी वाली जिंदगी को बखूबी समझता है और उस से अप्रभावित रहने की पूरी कोशिश करता है। इन कविताओं में तजुर्बों का स्वाद और भावनाओं का प्रवाह है। जीवन के अनंत दुखों के बावजूद यह किताब आपसे हौसला बनाए रखने की सिफारिश करती है। "मेरा आसमान", "एक कोशिश", "शायद हम बातें करना भूल गए हैं", "ट्रेन लेट है", जैसी लम्बी नज़्में ही नहीं, "कैंची", "सपने सिरहाने", "अधूरी नज़्म", "काग़ज़" जैसी लघु रचनाएँ भी इस बात को प्रमाणित करती है। "कुछ बिखरे ख़याल और आवारा लम्हे" भाग में पिरोए हुए ख़याल एक सौम्य गुच्छा है ऐसे विचारों का जिन्हें रोज़मर्रा में हम अक्सर नज़र अन्दाज़ कर देते हैं पर करना नहीं चाहिए।

इसमें कोई संदेह नहीं है कि द्वारिका जी की कविताएँ पाठकों के हृदय में घर बनाएंगी और आधुनिकता में लुप्त होती फ़ुर्सत की मिठास का रस चखाएँगी। मेरे लिए इनकी उपयोगी सम्भावनाएँ नज़्म के क्षेत्र से कहीं ज़्यादा हैं। यह रचनाएँ अंतर्मन के संवाद को प्रेरित करने से लेकर से लेकर क्लास रूम पढ़ाए जाने तक का मूल्य रखती हैं।

हर किताब के लिए दुआ की जाती है कि वह अधिकतम लोगों तक पहुँचे, नाम कमाए और प्रचलित हो; मेरी प्रार्थना यह है कि द्वारिका जो स्वयं में एक कविता हैं, हर पन्ने पर आप सबके सम्मुख प्रस्तुत हों और उसी तरह आपका मन मोह लें जिस रूमानियत से मसूरी की पहाड़ियों पर सालों पहले इन्होंने मेरा दिल छू लिया था।

– दीपक रमोला, देहरादून
मशहूर गीतकार, कवि, लेखक, प्रोजेक्ट फ्यूल के सीईओ

मैं आखिर क्यों लिखता हूँ?

मैं लिखता हूँ
क्योंकि ख़याल को
बेवजह मन में सोच कर
ज़ाया नहीं करते
ख़याल को हवा लगनी चाहिए
क़लम की निब से उसकी निभे ना निभे
उसे काग़ज़ पे उकेर कर
ज़िंदा रखना ज़रूरी है
ख़याल, काग़ज़, निब, मैं
बस निभाते चले जाते हैं

मैं जब नौ साल का था तब से मैंने कविता लिखना शुरू किया, इक्त्तीस अक्टूबर उन्नीस सौ चौरासी, जिस दिन इंदिरा गांधी जी की हत्या हुई! उस घटना से मैं बड़ा आहत हुआ था और मेरा बाल्य सुलभ मन बोल पड़ा :

"इंदिरा तुम तो हो गयी क़ुर्बान, तुम तो थी बहुत महान "

फिर थोड़ी देर में देखते देखते एक छोटी कविता मेरी कलम से निकल पड़ी, माँ–बाबा और बहनों को दिखाई, उनसे हौंसला मिला तो अगले दिन स्कूल की मॉर्निंग असेंबली में सुना भी दी!

मेरे शिक्षकों ने पीठ थप थपाई। कविता लिखने का सिलसिला करीब बारह–तेरह साल तक चला और फिर धिरे धिरे जैसे शब्दों का सोता सूख गया और अगले बीस सालों तक सूखा ही रहा!

हाँ यदा–कदा गुलज़ार साब की तरह त्रिवेणियाँ लिखता रहा

"क्या कभी नीले पहाड़ देखे हैं तुमने?
हरे पत्तों को चीर जब वह सुनहरी किरण,
सफ़ेद बादलों से ढकी बर्फ़ीली चट्टानों से टकराती है तो उसे चोट लग जाती है शायद!
नील पड़ जाती है जहाँ तहाँ
उसी नीलिमा के प्रतिबिम्ब को ओढ़े वह पहाड़ नीले पड़े रहते हैं"

बात सन दो हज़ार पंद्रह की है, मैं मसूरी में लाल बहादुर शास्त्री अकादमी में पढ़ा रहा था और दीपक रमोला नाम के काफी टैलेंटेड शख्स को मिला जो उम्र में तो मुझ से छोटा था लेकिन अपनी समझदारी में काफी आगे! वो एक कवि है और हिंदी फिल्मों के लिए गाने भी लिखता है! उसने मुझ से कहा कि मुझे फिर से लिखना चाहिए! बीस सालों बाद मैंने इस बारे में सोचना शुरू किया और कुछ दिन बाद मसूरी में ज़ोर की बारिश हुई और मैंने अनायास ही ये लिख दिया:

"कल रात कड़कड़ाके बिजली गिरी
लाल टीन की छत पर भर भरा बरसा पानी छमाछम था
सुबह उठा तो कोहरे की रुई में लिपटा सूरज नम
और
काली सफ़ेद धुंध में सिकुड़ा चीड़ जम था
उधमी लंगूरों का परिवार
गेरुआ झोंपड़ी के कोने में दुबका,
सिमटा, चिपटा गरम था"

बीस सालों से से जो भावों का सोता सूख चुका था वो पहाड़ों की बरसात में एक बार फिर से अविरल बहने लगा! इस यात्रा में बहुत सारे लोगों ने मेरा साथ दिया, मुझे हौसला दिया, मेरी पीठ थपथपाई, और कहा कि बस अब लिखते रहो! मेरे माँ–बाबा और मेरी बहनों ने मेरी कविताओं को हमेशा सराहा, मेरी पत्नी स्नेहा ने मेरी लिखी कविता सबसे पहले पढ़ी और अपनी प्रतिक्रिया दी! वो एक पेंटर हैं और मेरी कविताओं पर उन्होंने बहुत बार खूबसूरत चित्र भी उकेरे! इस किताब का फ्रंट पेज भी उन्होंने ही बनाया है!

मेरी पुरानी टीचर अपर्णा महापात्र आज भी मेरी कविताओं को बहुत ध्यान से पढ़ती हैं और उसमें कोई गलती होती है तो चुपके से बता देती हैं! मैं याद करता हँ मेरे स्कूल के हिंदी टीचर ब्रह्म दत्त गौतम सर को, और डॉ स्नेहलता दीक्षित मैडम को जिन्होंने ने सही मायने में मुझे कविता से प्रेम करना सिखाया!

मेरे बचपन के दोस्त, ऋतुपर्ण, भावना, अनुजा, सानिका, दीपा, उदय, सोनल, उषा, निखिलेश, प्रियंका, आशु, दीपक, अमित दत्ता, अनुज सिंह, और विकास, आज भी मुझे और मेरी कविताओं को झेलते रहते हैं और चाहे वो अच्छी हो या बुरी, दाद हमेशा देते हैं! इन सात सालों में साहित्य जगत के कई दिग्गजों का मुझे प्रेम मिला और उनका मैं तहे दिल से आभारी हँ!

प्रताप सोमवंशी जी ने मुझे अपने छोटे भाई का दर्जा दिया तो यतीश कुमार ने दोस्त का, सुनयना कचरू और उनकी कवितायेँ तो मानों मेरी रूहानी जुड़वां हैं!

इस किताब का शीर्षक "उम्मीदों के पंख" उस कविता से है जो मैंने मेरे दोस्त शमशेर सिंह की बेटियों के लिए लिखी थी, करीब छह साल पहले वो मुझे देहरादून से मसूरी अपनी टैक्सी में ले जा रहा था और बातों बातों में उसने अपनी छोटी बेटियों के बारे में बताया जो आईएएस बनना चाहती थी!

प्रसिद्ध लेखक और कवि यतीन्द्र मिश्र, मेरे बड़े भाई पवन झा, मेरे मित्र शिशिर सोमवंशी, सोनाल डबराल, सुनील विष्णु, सत्य व्यास, विनीत पंछी, अम्बर खरबंदा, कलकत्ते का नीलाम्बर परिवार, नीलम सक्सेना, अदिति माहेश्वरी, वैभव मोदी, प्रोफेसर राम कुमार, डॉ नाकरा, प्रोफेसर कुलकर्णी, प्रोफेसर काकानी, प्रोफेसर मूर्ति, प्रोफेसर गणेश सैली , डॉ पियूष रॉय, डॉ लक्ष्मी आर्य, प्रोफेसर रजत पंवार, प्रोफेसर मूंदड़ा और डॉ युगांक गोयल ये वो लोग हैं जिन्होंने मेरी कविताओं को पढ़ा, सुना और मुझे प्रेरित किया कि मैं एक संकलन बना सकूं! प्रेरणा रतूड़ी और डॉ भावना पोरवाल ने मेरी कविताओं की गलतियों को सुधारा औरइस लायक बनाया कि मैं प्रकाशक को भेजने की हिम्मत कर सकूं!

नवीन और नोशन प्रेस की टीम का भी धन्यवाद कि पिछले पांच सालों में उन्होंने मेरे संकलन को बचा के रखा और मेरे नित बदलती पाण्डुलिपि को छापने का इतना बड़ा जोखिम लिया!

अंत में मेरे परिवार जन, श्री एवं श्रीमती उनियाल, श्री एवं श्रीमती नौटियाल

मीना–विनय, रीना–अरविन्द, सुनीता–आशीष, ज्योति–अवनीश, विजय–कामायनी और मेरे बेटे स्द्राक्ष का बहुत बहुत शुक्रिया, आखिर इतने सालों के इंतज़ार के बाद "उम्मीदों के पंख" आपके हाथों में है!

ये कविता संकलन मेरे उन चार दोस्तों के भी नाम जो अब इस दुनिया में नहीं हैं और शायद मेरी कविताओं को कभी नहीं पढ़ पाएंगे, लेकिन दुआ है कि वो जहां भी हैं मुझे देख रहे हैं और खुश हैं कि कहीं न कहीं मैं उनकी ज़िंदगियाँ भी जी रहा हूँ!

रौशनी, राहुल, नूपुर और मोना, ये तुम्हारे लिए

– द्वारिका उनियाल "देव"

25/2/2022, बेंगलुरु

पहला भाग: अस्तित्व और प्रतिबिम्ब

1

प्ले–लिस्ट के गाने

प्लास्टिक की प्लेट पे कुछ दाने छूट गए थे
जैसा कि अक्सर होता है
बड़े जतन से बनायी प्ले–लिस्ट में
वो गाने छूट गए थे

लम्हों की बारिश में
कुछ बूँदें गिरी ही नहीं
फिर काग़ज़ की कश्ती बना
ना जाने क्यों मैं तैराता रहा

उस कँटीले कैक्टस पे इस दफ़ा
एक फूल खिल गया है
जड़ों की तलाश में मैं
टूटी छत के सूराख गिनता रहा

शाम के साये गहरे हैं
दिए का तेल छलक गया है
और फिर ना जाने क्यों
मोमबत्तियाँ पिघलती बड़ी जल्दी हैं

2

तेरी ज़मीं, अपना आसमान

यूँ तो पानी के छपाकों से
हवाओं को काटता हूँ
बादलों के संग उड़कर
सपनों को हाँकता हूँ
मैं जो तेरी ज़मीं से
अपना आसमान पाटता हूँ

नहीं देखता मैं
पर देखता ग़ज़ब हूँ
बोलता हूँ नहीं
मगर सोचता अजब हूँ
तैरता संग बुलबुलों के
पल पल नया सोचता हूँ

ज़िंदगी है मुश्किल माना
पर जीना दुशवार नहीं
दोस्त जुगनुओं का मैं
सितारों का यार नहीं
चाँद को कटोरे में रख
हर ओर चाँदनी बाँटता हूँ

जो चाह तेरी
वो ना राह मेरी
सवालों में क़ैद जाने
क्या खोजती आह मेरी
चीख़ती ख़ामोशियों से
एक अंजाना राबता हैँ

मैं जो तेरी ज़मीं से
अपना आसमान पाटता हैँ

3

सफ़ेद रात का काला चाँद

ये रात आज अजीब है

जैसे, तेरी गोरी देह पे ये काला तिल

जैसे, जुगनुओं का रतजगा है

जैसे, समंदर के मोती रेत पे बिखरे पड़े हों

ये रात आज अजीब है

जैसे, तेरे मय का प्याला लबालब भरा है

जैसे, भागते साये गुम हो गए हैं

जैसे, पतीली का दूध उफन गया हो

ये रात आज अजीब है

जैसे, तू जाने क्यों मेरे पास है

जैसे, मेरे सारे झूठ तेरे सच हैं

जैसे, इन बादलों का पानी नमकीन है

ये काले चाँद वाली सफ़ेद रात है

4

उम्मीदों के पंख

सपनों को उड़ने के लिए,
हवाई जहाज़ का टिकट नहीं लगता
बस,
पलकों को उम्मीदों के पंख चाहिए

ख्याल पकाने के चूल्हे कम नहीं,
नयी सोच के कोयलों को एक चिंगारी चाहिए

सुर्ख कंक्रीट की ईमारतों में ज्ञान कसमसाता है,
विचारों को पनपने के लिए हरी घास, खुली धूप चाहिए

सितारों के आगे जहाँ और भी हैं शायद,
मरते–जन्मते तारों को एक क्षीण स्वर की क्षणिक प्रतिध्वनि चाहिए

सपनों को उड़ने के लिए,
हवाई जहाज़ का टिकट नहीं लगता
बस,
पलकों को उम्मीदों के पंख चाहिए

____

ये कविता देहरादून के मेरे टैक्सी ड्राइवर दोस्त शमशेर और उसकी दोनों बेटियों के नाम

5

शून्य

शून्य क्या है?
या तो है सब कुछ
या कुछ भी नहीं

व्याप्त है हर जगह पर,
या फिर नहीं कहीं?

हृदय में पैदा हो रहा है, चुपचाप, बिना आहट के
सन्नाटा है भीतर, मुर्दा शांति है
किसी तूफान की सूचक

वह शून्य बढ़ा, फैला, अपना आकार विस्तृत
करता गया अलादीन के जिन्न के समान
परन्तु
फिर वह खो गया, अचानक
सहसा ही हृदय की गहराइयों में

एक रिक्ति पैदा कर गया,
जो कभी पूर्णता का अहसास करने नहीं देती

एक टीस उठती है अनचाही, अपनी अपूर्णता पर खिन्न होती
टटोलती है हृदय को, पहले जहां शून्य तो था
अब वह भी नहीं

अब कभी यूँ ही देखता हूँ अपने खाली हृदय को
तो बरबस ही याद आ जाता है वह शून्य
कौन जाने, वह उत्पन्न हो रहा वो फिर
किसी कोने में हृदय के, एक बड़े शून्य
के रूप में
फिर सहसा ही खो जाने के लिए

6

मेरा अहम्

सबसे विदा ले
कोलाहल से दूर
इस एकांत में न जाने क्यों, चला आया मैं
सोचता, गुनगुनाता,
कुछ पंक्तियां किसी गीत की

नीची–ऊँची टेकरी पर
कंटीले झाड़ के पास
निहारता, पेड़ों के झुरमुट में छुपे
मटमैले सूरज को, जो ढला जा रहा है

पत्थरों पर बैठ, ताकता शून्य में
भावहीन निगाहों से
कितनी शांत है, हवा यहां पर,
बहती नि:शब्द
भीड़ में स्वयं को पा अकेला
इस सुनसाने में आया, अकेलापन तलाशने
शायद अपने भीतर के, प्रसुप्त कवि को
झंझोड़ने आया था मैं

विचार थम से गए हैं, सूखने लगा क्यों,
कल्पनाओं का सोता, बहते नहीं अब शब्द निर्झर
पूछता प्रश्न स्वयं से, अपने अहम् के
और, उत्तर देता स्वयं ही
क्या कभी, अपने आप को अलग कर पाऊँगा
अपने अहम् से?

7

वीराने

लौट पड़ा हूँ फिर मैं
चलते कदमों से वापस
आया था सभ्यता के गलियारे से बाहर
सूनी बंजर पहाड़ियों की तलहटी में
कंकरीली, कंटीली पगडंडियों पर निशान बनाता हुआ

कुछ बात करना चाह रहा था मैं, स्वयं से
जा रहा हूं, बिना कुछ बोले
एक अरसा जो हो गया है
इस वीराने से गुजरे

लम्बे पेड़ों के झुरमुट के बीच
झांकती वो बस्तियां
मानव का दायरा ही तो हैं
बाहर आने की कोशिशों के बावजूद
बंध कर ही खड़ा रह पाता हूँ जहां

सांझ ढले, चिड़ियों के शोर से,
जाग पड़ता हूँ अपनी, उस विचारों की तन्द्रा से
और, सहमे काले साये रात के

विवश कर देते मुझे
लौटने के लिए, उन जलते–बुझते
प्रकाश स्रोतों की दिशा में

वीराने फिर एकाकी से रह जाते हैं
और मैं वापस आने का
वादा भी नहीं कर पाता

8

कैंची

कल को
कल से
जोड़ने में
आज ख़र्च हो जाता है

ना
कल का पता
ना
कल को पता

लम्हों को सीने वाली सुई तो टूट गयी,
सपनों के धागों को पिरोना अब मुश्किल है

ये सपने भी अजीब से हैं,
ना जाने कल को कहाँ खींच के ले जाते हैं

तभी तो अपने सिरहाने एक कैंची रखता हूँ
रोज़ सुबह उठने से पहले
सपनों की डोर को काट देता हूँ,
ताकि कल मेरे आज से जुदा रहे

9

एक कोशिश

हाँ
कोशिश तो की थी मैंने
तुम्हें पकड़ने की
यूँ बाहों में जकड़ने की

उन अधपके ख़्वाबों को
एक रूप
नया स्वरूप देने की
कोशिश तो की थी मैंने

पर तुम
उच्छृंखल, उन्मुक्त
चंचल विहग सी
पंख फैला, उड़ गयीं बेपरवाह
जैसे वह गुलाबी आँचल तुम्हारा

उस गुलाब को काँटों से बचाने की
कोशिश तो की थी मैंने

तुम्हें क्या पता
कि
इस आसमान के स्याह कितने गहरे हैं
बाजों की टोली भी
रोज़ गुज़रती है
पैनी नज़र लिए
उन पेड़ों पर अब छांव नहीं

चंद सूखी पत्तियों से एक घोंसला बनाने की
नाजायज़ कोशिश की तो थी मैंने

पर तुम
हाँ तुम
बह गयीं
उस महक के साथ
कच्चे तन कोमल मन के साथ

तुम्हारी महक को
मोहल्ले में फैलने से
रोकने की
हाँ, एक कोशिश तो की थी मैंने

10

त्रिशंकु नहीं मैं

हवाओं में बहता
अधर में झूलता
पीपल का जैसे पत्ता
सूखा नहीं हँ
पर गीलापन खोजता

आसमानों को मेरे
आने की ख़बर है
ज़िंदा बहुत हँ
पर मालूम कहाँ क़ब्र है
रिश्तों को जोड़ूँ
किंतु तितली सा सब्र है

अकेला झुंड में खड़ा
ख़ुद को ढूँढता हँ
समंदर के तले
मोती वो मेरा है
बादलों की लटों को
कस के गूँथता हँ

ना ज़मीं मेरी
ना आसमान तेरा,
ना ओस तेरी
ना गुलाब मेरा
पत्थरों के बाग़ में
फिर क्यों लगाता हूँ फेरा?

अंतर्मन की दुविधा लिए
स्वप्न दोहता हूँ

नहीं, त्रिशंकु नहीं मैं

11

शून्य है

शून्य है
शून्य में
शून्य से
शून्य मैं

धरा शून्य
ज़रा शून्य
ध्वनि शून्य
गति शून्य

मन शून्य
तन शून्य
अनंत शून्य
असीम शून्य
क्षितिज में डूबता सूर्य शून्य

तेज़ शून्य
विचार शून्य
स्वप्न शून्य
भ्रम शून्य

आदि शून्य
अंत शून्य
ब्रह्म शून्य
ब्रह्मांड शून्य

शून्यता को लीलता
शून्य की ही लीनता
शून्य की ही शून्यता

12

सपने सिरहाने

ज़िंदगी मेरी नींद की तरह है
ना जाने कब करवट ले
सपनों को तभी सिरहाने रखता हूँ
आँख खुले तो बचे खुचे लम्हों को चादर में लपेट लूँ

रातों को ना जाने क्यों जागने की आदत है
पलक झपकाती हैं मगर सोती नहीं
तो इनके सपनों का क्या होता है?
चाँद उन्हें अपनी झोली में रखता है शायद
चुपके से टपका देता है कभी कभार

उस रात जब पलकें खुली थीं
और आँखें ऊनींदी
हाँ
उस सपने को
मेरे सिरहाने बैठे देखा था
करवट के इंतज़ार में

13

आइना और खिड़की

आइना :
तुम्हारी ख़ूबसूरती में इतराता मैं हूँ
तुम्हें गुमान हो ना हो
तुम्हें ख़ुद से मिलाता मैं हूँ
मैं तुम हूँ, तुम्हारा अक्स भी
मैं आइना हूँ

खिड़की:
ख़ुद से रोज़ मिलते हो
और दुनिया से?
उस नज़र को मायने मैं देती हूँ
नए दिन से, गुज़रती रात से
चाँद के उस अनदेखे ख़्वाब से
बातें मैं ही तो करवाती हूँ
उस अक्स को जिसका गुमान आइने को है
उसे ज़िंदगी से मिलवाती मैं हूँ
इस जहाँ के राज को उस जहाँ में खोलती हूँ
मैं खिड़की हूँ

14

लम्हे, स्वप्न, अहम्, मिथ्या

कैलेंडर की तारीख़ों को
अब गिनना
महीने बटोरना
बंद कर दिया है मैंने
बेमानी है

ज़िंदगी ने जिन लम्हों को बाँट दिया है
उन्हें बस जीने की कोशिश करता हूँ
मिलते, जुड़ते, बिछुड़ते, ठहरते, बहकते,
महकते, सुलगते, सहमते, सिसकते, चिल्लाते, ये लम्हे

उन्ही लम्हों से चन्द साँसें उधार में माँग ली हैं
उठती चलती इन साँसों को
अब सहलाता हूँ, सहेजता हूँ
समझता हूँ, समझाता भी
क्षण भंगुर, क्षणिक हैं
उस बुलबुले के समान

बुलबुलों के भीतर मकान है मेरा
अहम भी

स्वयं को ब्रह्म से जोड़ता
वो स्वप्न

हाँ पता है
मिथ्या है

लम्हा भी

15

ख़ुद से चुप रहता हूँ

ख़ुद से चुप रहता हूँ, मगर तुम से बोलता हूँ
राज़ इस दिल के, फिर भी कहाँ खोलता हूँ
तुम हो, कि मैं नहीं,
मैं हूँ, तुम कहीं
इसी तू–तू, मैं–मैं के बीच
यहाँ–वहाँ डोलता हूँ

मैं ना जानू कि तुम जानो, मुझे कितना
तुम ना जानो, कि मैं जानता हूँ तुम्हें इतना
जान कर अनजान मैं हूँ, अनजानी तुम जितना
जाने अनजाने क्यों मैं फिर, तुम्हें तौलता हूँ
ख़ुद से चुप रहता हूँ, मगर तुम से बोलता हूँ

बात ख़्वाहिशों की नहीं, उम्मीदों की है
अधबुने सपने, उन अनचाही नाउम्मीदों की भी
उन चाहतों की, ना चाही आहों की भी
बात कुछ नहीं, यही बात है लेकिन
खट्टे नींबू के रस में चीनी जो घोलता हूँ
ख़ुद से चुप रहता हूँ, लेकिन तुम से बोलता हूँ

16

साया हूँ

साया हूँ
उसकी भी एक छाया हूँ

अँधेरे में विलुप्त
कभी अचानक से गुम
लघु कभी विशाल
अजब– गजब माया हूँ

खुद को खोजता
प्रश्नों को सोचता,
उत्तर कभी
निस्तर भी,
जाना कहाँ
जाने कहाँ से आया हूँ

हवाओं की उमस में
ओस की उछस में,
दूब के बिछोने में

बादलों की छाँव में
जैसे
लेटी मदमस्त काया हूँ

बारिशों में भीगता
सूरज में लीलता,
न सर्द
न गरम,
अनोखा कैसा भरम
तंद्राओं से अनभिज्ञ मैं
न सोता
यूं बस जागता,
कब कहाँ पूरा
आधा ही पाया हूँ

साया हूँ
उसकी भी एक छाया हूँ

17

गीला सहर

रात गीली, गीला तन है
थका पसीने से लबाबब, गीला मन है

घूमते पहियों की छाप गीली
कंपकपाते होठों की, सर्द गरम भाप गीली
राहगीरों के क़दमों की नाप गीली
सवारियों की गालियों की चाप गीली

ऊँघते बल्बों का प्रतिबिम्ब गीला
ढलती रात के बिस्तर का वो लिहाफ गीला
छलकती बूंदों का ये जाम गीला
धड़कती साँसों में उसका नाम गीला

गीला शहर है, गीला प्रहर है
मेरे पैरों की हल्की आहट से गीला सहर है

18

अधूरी नज़्म

उसने कहा,
ये नज़्म अधूरी सी है
तो क्या हम नहीं?

बक़ौल मोहन राकेश, आधे अधूरे से तो हैं
ख़याल भी शब्दों की स्याही खोजते
बिखरे पन्नों के बीच यहाँ वहाँ

सोच लो और पूरा कर दो
मैंने कहा
लम्हा आधा तुम्हारा
आधा मेरा

और
अधूरी नज़्म भी

19

यादों की पनाह

ज़िंदगी उन यादों की पनाह में रहती है
जिन्हें लम्हा—लम्हा सिया होता है हमने
यूँ तो एक मुस्कुराहट ही काफ़ी है जीने के लिए
और कभी एक नज़र को तरस जाती है उम्र

खामोशियों का भी अपना सबब है
बोलते तो हर वक़्त हैं हम लेकिन
वादों की धड़कनों को सुनना भी एक हुनर है
बस
गुजरती शामों से कोई उनका ढलना सीख ले

बात नज़रिये की हो या फ़लसफ़े की
ज़िंदा रहने के बहाने मत खोजो,
हर रोज़ एक नयी ज़िंदगी जीने का मज़ा कुछ और ही है
मौत तो शाश्वत है
वो एक ही बार मिलेगी
ये सिर्फ़ ज़िंदगी है
जो हर रोज़ गले लगाती है तुम्हें

20

मेरा आसमान

शायद क्षितिज ये नहीं है मेरा
लगता है जाना होगा
अभी और आगे
नापने होंगे कई मील पाने के लिए
अपने हिस्से का – थोड़ा सा आसमान

हर एक कदम पर, अनिश्चितता से भर जाता मन
एक अनजाना सा भय, विचलित कर देता
मेरे पहले से डगमगाते आत्मविश्वास को

सोचता हूँ कई बार कि क्या पा सकूंगा मैं
वह सब, जो हूँ पाना चाहता
पर
मैं आखिर पाना क्या चाहता हूँ
शायद यही सवाल अहम है,
मेरी पहेलीनुमा जिन्दगी का
मैं खुद को समझ नहीं पाया, अभी तक
सुलझाऊँगा कैसे, उलझनों को, जिन्दगी की

बीता वक्त, शूल बन चुका है एक
चुभता हृदय में, पल–पल जो
अहसास दिलाता मुझे,
कि क्या कुछ खो दिया मैंने

जीवन के इस मोड़ पर
इस क्षण
किंकर्तव्यविमूढ़ सा
गुमसुम अकेला खड़ा मैं
तौलता अपने विचारों को, प्रयासों को
एक अनुभूति सी होती है फिर,
कि शायद क्षितिज ये नहीं है मेरा

जाना है मुझे, अभी और आगे,
भटकना होगा एक यायावर बनकर
जलाना होगा, स्वयं को, वक्त की भट्टी में,
डूबाना होगा, खुद को, कर्मरूपी सागर में

क्योंकि
क्योंकि पाना चाहता हूँ मैं
अपने हिस्से का थोड़ा सा आसमां
जो होगा मेरा
सिर्फ मेरा आसमान

दूसरा भाग: पहाड़ और उसकी यादें

1

कितना आगे निकल आया हूँ मैं

आज कितना आगे निकल आया हूँ मैं?
स्मृतियों को छोड़ पीछे
अपने अतीत का गला घोंटकर
कुछ पाने के लिए – अपना सर्वस्व खोकर

खुद ही खोद डाली, अपनी जड़ें मैंने
वह चीड़ का पेड़, सींचा था प्यार से जिसे कभी
जिसे पल—पल बढ़ता देख, प्रफ्फुलित हुआ था मैं
भरभरा कर गिर पड़ा है
उसी चीड़ की अस्थियां साथ लाया हूँ मैं

सीढ़ीदार खेत, बिताया था जिनमें बचपन मैंने
वे बुरांश के जंगल, पाया था जिनमें यौवन मैंने
हीसर की मिठास, किनगोड़ की कड़वाहट भुला आया हूँ मैं

दूर बांसुरी की तान, पनिहारिनों की पायल की छनक
घसियारियों की दाथुड़ियों की दमक
पिघले सीसे की तरह, घुस रही है कानों में
कोदे की रोटी व झंगोरे का भात – वहीं छोड़ आया हूँ मैं

यादें फिसलती जा रही है, जैसे रड़का हो
धारे पे बंठा कोई
या हो फिसली, सूखे पत्तों पे कोई छैंती
पुकारते मुझको हैं जैसे
शिवालिक के वो धार,
या, बुलाती बरबस ही
जैसे कोई घुघूती
बाट जोहते बूढ़े बांज की आंख में,
धूल झोंक आया हूँ मैं

मन बोझिल हो चला है,
ढो रहा हूँ मात्र शरीर को, क्योंकि?
क्योंकि आत्मा तो वहीं पटक आया हूँ मैं

आज कितना आगे निकल आया हूँ मैं?
स्मृतियों को छोड़ पीछे
अपने अतीत का गला घोंटकर
कुछ पाने के लिए – अपना सर्वस्व खोकर

2

विरासतें

ये जो पीतल की हांडी है
इसे हमारी गढ़वाली में
"भड्डू" बोलते हैं
थोड़ा अलग और मज़ेदार शब्द है
ठेठ पहाड़ी

आजकल मेरे ड्रॉइंग रूम में सज़ा रहता है
दूर एक कोने में
बरसों पहले
जब गाँव जाते थे
तो पूजनीय ताई जी
इसी में भात पकाती थीं

बड़ा स्वाद और महकती ख़ुशबू
क्या कहने
कभी जखिया डली दाल तो कभी पहाड़ी आलू
वो भी पक जाते थे

अब ना वो गाँव का घर है
ना धुआँ फाँकता अँधेरा चूल्हा

ना पूजनीय ताई जी
सब वक़्त के साथ
बिछुड़ते चले गए

ये भड्डू रह गया
जो विरासत में पहले माँ को मिला
फिर मेरी पत्नी को
इसका भी घर बदला
घर में जगह भी

अब इसे राख से कोई नहीं धोता
ना इसके पेंदे में कालिख पुती होती है,
यूँ ही जब नज़र गयी तो ब्रासो से चमका देता हूँ
जब कोई घर आता है
तो इसकी बात छिड़ ही जाती है
उसी बहाने
रूमधार, वो गेरू पुता घर
उसका काला चूल्हा
भड्डू, उसमें पके भात की बातें भी
आगे बढ़ते समय को
भूत की याद दिलाता है ये
शायद ऐसे ही विरासतें ज़िंदा रहती हैं

3

बाईस साल बाद के बाईस मिनट

पगडंडियों पे बरसों से कोई नहीं चला
मिट्टी और पत्थर जंगली झाड़ियों और फूलों से ढके हुए थे
तिमले के धारे में पानी
फिर से फूट रहा था
कुछ सालों से बारिश अच्छी हुई
गाँव की चाची ने बताया

खेतों में अब धान नहीं सिर्फ़ घास थी
खेती अब हमारे बस की नहीं
भैंस पाल के अपना वक़्त गुज़र जाता है
लोहार खाले के गोल महाराज
अपने पोते को घुमा रहे थे
दो साल पहले देहरादून में एक विक्रम ने टक्कर मार दी थी,
घाव भरा नहीं अभी तक

जाने पहचाने चेहरे
मैं अनजाना पथिक
अपने पुरखों के नाम से अपनी पहचान बनाते
पैर छूते, गले लगाते, आशीर्वाद लेते देते

रिश्तों को फिर से ज़िंदा करते
बाईस सालों बाद
मैं रूमधार में था

मेरा गाँव
जब बीस का था तब आया था आख़िरी बार
वो घर, उसकी दीवार और पठ्यालों वाली छत दोनो गिर चुके थे
बस दादा दादी के कमरे वाली दीवार ने घर बचा रखा था
जैसे बोल रही हों
कि तुमने इस घर को छोड़ा होगा
हमने नहीं
धारे से पानी पिया
मन और तन को जैसे तृप्ति हुई

बहुत कुछ बदल गया था
बहुत कुछ वैसा ही था
सड़क थी जिस पर कार चला कर आया था मैं
बिजली का पंखा था
दो किराने की दुकानें भी
वो धारे, वो खेत, वो पेड़ वो वहीं थे
जैसे के तैसे

कुलदेवी के नए मंदिर में फूल चढ़ा
चचेरे भाई की दुकान से समान ले
फिर आने का वादा दे
भारी मन और रुँधे गले से
वापस लौट आया मैं
बाईस सालों की याद को

बाईस मिनटों में समेट
एक बार फिर
उस चीड़ की एक छैंती लिए
उससे झूठ बोल
स्मृतियों को छोड़ पीछे
आगे निकल आया मैं

4

जल्द गिरेगी बर्फ

कल रात कड़कड़ाके बिजली गिरी
लाल टीन की छत पर भर– भरा बरसा पानी छमाछम था

सुबह उठा तो कोहरे की रुई में लिपटा सूरज नम
और
काली सफ़ेद धुंध में सिकुड़ा चीड़ जम था
उधमी लंगूरों का परिवार
गेरुआ झोंपड़ी के कोने में दुबका
सिमटा, चिपटा गरम था

मफलर और ओवरकोट
अलमारी से निकल,
स्टैंड पर आ टंगे थे
कपूर से महकता
माँ का बुना
सन पिचासी का स्वेटर
जिसके धागे गुलाबी सुर्खिओं से रँगे थे

ठण्ड से ठिठुरी गिलहरी गर्मी सूंघते
आ सटी मेरी खिड़की पे
पड़ी थी जस—तस
हीटर से आती लाल रोशनी की चमक ही मिल जाए बस

पाण्डेय जी कह रहे थे कि इस बार जल्द गिरेगी बर्फ

5

जाड़ों की शाम

पहाड़ में जाड़ों की शाम अनोखी होती है
सूरज भी जल्दी से रज़ाई में दुबक जाता है कमबख़्त
और निगोड़े काले बादलों का तो बस पूछो ना
वक़्त बे-वक़्त बरसने को तैयार रहते हैं ससुरे

दूर वह टिमटिमाती सरकारी बल्ब की रोशनी
एक लालटेन बन जाती है
उसके नीचे टीन के टप्पर वाले ढाबे में
नूडल्स खाने का मज़ा ही कुछ और है

चर्च की बेल, मंदिर की घंटी और मस्जिद की अज़ान
आपस में टकरा टकरा
पहाड़ों पे फिर लौट जाती है
उपले के चूल्हे में पकती रोटी को देख
मंगलू दा भी गीत गा उठा है

टन-टन गले की घंटी बजाती
गौरी, घर लौट आई है
दादी की कड़ाही में दूध उबला है

और
मुड़ता सिकुड़ता धुआं
फिर आँखों से निकला है

6

सौड़ हूँ

बूढ़ा हूँ
प्रौढ़ हूँ
सदियों से डटा हुआ
विरासतों का निचोड़ हूँ
तीन पहाड़ों में बसा
ये गाँव एक सौड़ हूँ

चीड़ हूँ
बाँज हूँ,
बूरांसों के जंगलों में
पठालों को ओढ़ लूँ
धारा हूँ
गदना हूँ
गोरू भैंसों का बीच मा
ओबरा सने जोड़ लूँ
सौड़ हूँ

मेरी अजब बात है
पीढ़ियों का साथ है
मेरी हर दीवार पे

आज रंग सात–सात हैं
इंद्रधनुश ब्रश लिए
पलायन का मुँह मोड़ दूँ
सौढ हूँ

बदलू यूँ रूप मेरु
खिलू–खिलू स्वरूप मेरु
पूर्णिमा की रात मा
जगमग छः दीपक मेरु
झाँगोरा छः कोदू भी
गैथ दगड़ी छनछेड़ो भी,
चैसा और पत्यूढ छों
सौढ छों

आओ कि अब मिलो मुझसे
इंतज़ार है कब से,
ख़ाली घर बुलाते हैं
प्यासे बर्तन चिल्लाते हैं,
बहरे कानों पर पड़ता
मैं एक पुराना शोर हूँ
सौढ हूँ
बूढा हूँ
प्रौढ हूँ
सदियों से डटा हुआ
विरासतों का निचोड़ हूँ
तीन पहाड़ों में बसा
ये गाँव एक सौढ हूँ

तीसरा भाग: ज़िन्दगी और उसकी चिपकी दास्तानें

1

रन वे की बत्तियाँ

रन वे पे लगी लाल पीली बत्तियाँ
वो दोस्त हैं
जो आपको ग़लत उड़ान भरने नहीं देते
और
उड़ान टेढ़ी मेढ़ी हो
तो सही दिशा दिखा
उतार देते हैं

आपके पास बड़ा जहाज़ हो या छोटा
रफ़्तार तेज़ हो या धीमी
रन वे की बत्तियाँ ना हों
तो
उड़ान मुश्किल है

फिर
बात दिन की नहीं
रात की है

2

चादरें

अलमारियों में जमी हुई
बिस्तरों पे रमी हुई
कल के झगड़े से
सिकुड़ी नाराज़ सी
आंसू नमी हैं चादरें

घाटों पे पटी हटी
कोनों में अटी डटी
दाग़ों से धुलती,
शामों में ढलती
सफ़ेद ख़ाक होती चादरें

रिश्तों की सलवटें सिए
अजनबी सी करवटें लिए
सर्दियों की ताप पिए
होंठों की नर्म भाप छुए
बिछती उतरती
बेवफ़ा लम्हे जिए
नादान परेशान क्यों हैं ये चादरें?

बारिशों को सोखती
मायनों को खोजती
कभी रोकती
जाने किसे टोकती
कभी ख़ुद सी
कभी तुझ सी
जाने किसकी
कहानी हैं चादरें

3

काग़ज़

बचपन में काग़ज़ के हवाई जहाज़ बनाता था
फूँक मार उन्हें उड़ाता था

बारिश में कश्तियाँ बना
घर के बग़ल से बहती छोटी सी नदी में तैराता था

गरमियों में पतंग बना
भरी दुपहरी में दौड़ता फिरता
पहाड़ी में चढ़ उसे और ऊँचा उड़ाने की कोशिश करता

वो पतंग बहुत दूर ऊपर उड़ती चील
और उसके भी ऊपर उड़ते उस हवाई जहाज़ से टक्कर लेती

आज उसी हवाई जहाज़ में
जब काग़ज़ के कप में पानी पिया
तो याद आ गए वो सभी काग़ज़

4

ज़मीन और ज़िंदगी से ऊपर

मेरे दोस्त के घर को बनाने वाले
जिन घरों में रहते हैं
उन घरों को
उसके घर की अठारहवीं मंज़िल से देखता हूँ

जो मेरी सुबह
ठहरी हुई है
उनकी सुबह
भागती हुई काम में हाज़िरी लगाती है
उनके चूल्हे का धुआँ
इस बालकनी के कोहरे को छू नहीं पाता
ना मेरी नज़र उनको

उनकी नज़र तो इतनी ऊपर उठती नहीं
उनके पैर और ज़िंदगी दोनों ज़मीन पर हैं

जब भी लिफ़्ट का बटन दबाता हूँ
ज़िंदगी और ज़मीन से
ऊपर उठता जाता हूँ

अभी सिर्फ़ अठारहवें पे हूँ

5

उधार की हसरतें

ज़िंदगी का हिसाब थोड़ा उलटा है
जितना ज़्यादा मिलता गया
उतना कम पाते गए
मिलने और पाने के इस सिलसिले में
अब आलम ये है कि
हसरतें भी उधार की हैं

अजीब सा बाज़ार है
ख़ुशियाँ डिस्काउंट में ख़रीदते हैं
चाहतें महज़ क्रेडिट कार्ड बन गयी हैं
महीने दर महीने उसका हिसाब चुकाते हैं हम

घर बड़े हैं
लोग कम
सामान ज़्यादा
जगह कम
खाना ज़्यादा
स्वाद कम
हमारी जीभों को
होम डिलीवरी की आदत सी लग गयी है

परिवार शादी के कार्ड में दिखता है कभी
रिश्ते भी कामक़ाज़ी हो गए
हर पल बढ़ते फेसबुक की लाइक्स में
दोस्त कहीं खो से गए हैं

हम सब बोलते बहुत हैं
मगर
बातें कम ही होती हैं
हर पल सेल्फ़ी लेते फ़ोन से
वो यादों के ऐल्बम अब बनते नहीं

शायद यही अब हमारी ज़िंदगी है
यही उसके तरीक़े
कल जब माँ ने हलवा भेजा
तो मैंने कहा फ्रिज में रख दो
संडे को माइक्रोवेव पे गरम कर लेंगे

6

शॉवर में गुनगुना पानी

देहरादून के मौसम का कोई ठिकाना नहीं
कल गरमी सहे नहीं सही जा रही थी
कि अचानक आज
झम से ख़ूब पानी बरस गया
थोड़ी ठंडक बढ़ गयी तो सोचा
गरम पानी से नहाया जाए
मगर
ये गीज़र थोड़ा बेढंगा है
और शॉवर भी
मेरी तरह पुराना
कभी पानी ख़ूब गरम
कभी एक दम ठंडा
इनमें बराबर सामंजस्य
बैठाना
जैसे गणित की थेओरम सॉल्व करना
ज़िंदगी की तरह
मस्त गरम, हल्का ठंडा
मतलब गुनगुना पानी
हर बार मिलना थोड़ा मुश्किल है
फिर इन्हें ही देख लो

रिश्ते
नौकरियाँ
पगार
बॉस
घर की काम वालियां
ढाबे का खाना
एसी कार
मॉल की पार्किंग
ट्रैफिक का सिग्नल
बच्चों का स्कूल
माँ बाबा की जिद
वही ठंडे गरम का चक्कर
बस शॉवर के नॉब को घुमाओ
कभी इधर
कभी
उधर
और ज़िंदगी की गुनगुनाहट
गरमी की दुपहरी
मे एक बादल का टुकड़ा जैसे

7

शायद हम बातें करना भूल गए हैं

हम बोलते ज़रूर हैं
कभी चीख़ते हैं
कभी चिल्लाते हैं
मन ही मन मिमियाते हैं
दिल मसोसते हैं
कभी दुनिया
कभी ख़ुदा को कोसते हैं

मगर बातें नहीं करते
जाने क्या क्या सोचते हैं

जाने किस किस को टोकते हैं
किसी की पोस्ट लाइक तो किसी को ट्रोल करते हैं
कभी अपनी
कभी ज़माने भर की कुंठाओं का
ठीकरा फोड़ते हैं
कभी आवाज़ तेज़
तो कभी फ़ेक आउटरेज करते हैं
मगर बातें नहीं करते

कभी गलियों में
कभी अड्डों में
बची खुची कसर टीवी डिबेट में
कभी सड़क में, कभी संसद में
शादियों के मंडप में
बस बोलते डोलते हैं
मगर बातें नहीं करते

आओ ज़रा चाय की चुस्कियों पे
सर्द गरम सुस्तियों में
कुछ अपनी कहें
कुछ उनकी सुनें
कुछ सोचें
कुछ समझें
एक पल रुकें
दूजे में मुसकाएँ

ऐसे ही
बिना मतलब के बतियाना अच्छा है
और फिर
बातें करने
और
बातें बनाने में फ़र्क़ है ना

8

बरगदों की गली

इन बरगदों की गली पुरानी है
और उनकी जड़ें पुरातन
कभी किसी जंगल की पगडंडी गुज़रती होगी
इनकी लताओं को छूती हुई

बीते बरसों में
गली फैली
मकान उगे
उनसे निकलती नालियों में
अब इनके पत्ते तैरा करते हैं

वक़्त बीता
ज़मीनों में कंकर नहीं कंक्रीट है
ना कोई धागा बाँधता है
ना किसी की मज़ार ही बनी
ये किसी के नहीं रहे
म्यूनिसिपैलिटी के बाबू की फ़ाइल में
इनके नाम की एक नोटिंग है

कल जब मिनिस्टर साब का क़ाफ़िला निकला
तो शायद गली कम पड़ गयी
फ़ाइलों में बरगदों के काटने का फ़रमान चढ़ गया
अब जड़ों समेत इतिहास उखाड़ दिया जाएगा
शायद नाम रहे
बरगदों की गली

9
दो चिड़ियाँ

मेरे घर के सामने है एक घर
उसका है बड़ा सा छज्जा
बड़े छज्जे में रोज़ आती हैं
दो छोटी चिड़ियाँ
सुबह सुबह की धूप चुगतीं हैं
हल्की हल्की हौले हौले
जो बहती है हवा
थोड़ा थोड़ा उसे पीतीं भी

मस्त रहती हैं अपने आप में
ख़ुश रहना आसान है शायद
कुछ दाने
एक मुट्ठी धूप
कुछ बूँद हवा

वैसे ज़िंदगी को मुश्किल बनाना है
तो कोई हम से पूछे

10

बड़े क़सबे, छोटे शहर

बड़े क़सबे जब छोटे शहर बनते हैं
तो बदल से जाते हैं
अब वो बड़ा बाज़ार
 छोटा हो जाता है
बस अड्डे को जाती वो बड़ी सड़क
एक गली सी लगती है

ऊँची नीची बिल्डिंगों में
सिक्यरिटी गार्ड आ गए हैं
स्कूटर कम
कारें ज़्यादा
पार्किंग नहीं
ट्रैफ़िक बहुत

अब ना बग़ल के पहाड़ में चढ़ी धूप दिखती है
ना बारिश के बाद वाला कोहरा
बच्चे स्कूल बसों में जाते हैं
साइकल रिक्शे वाले तो कब के दफ़न हो गए

मोहल्ले अब बड़ी हाउज़िंग सोसाइटी बन गए हैं
बग़ल के दरवाज़े से कोई आता जाता नहीं
कटोरियों का उधार भी बंद है
दरवाज़ों पर दिन में भी ताले लगे रहते हैं

संडे को शहर उस मॉल में जाता है
महँगी चीज़ें देख मन मसोसता है
और दो सौ के भुट्टे
काग़ज़ की कटोरी में खा
ख़ुश हो लेता है

क़सबे बने शहर के बच्चे
महानगर का सपना देखते हैं
और गाँव क़सबे की झोंपड पट्टियों में आ बसा है
अधकचरा सा है मामला

बड़े शहरों वाली बात कुछ आ गयी है
धुआँ, गालियाँ, चोरियाँ, सीना जोरियाँ
बड़ी बसें, छोटे जहाज़
महंगायी, कूड़े के ढेर
लाल बत्तियों वाले नेता
नीली बत्तियों वाले बाबू
बांग्लादेशी वोट बैंक
महँगे रेस्तराँ, ठंडी कॉफ़ी
अंग्रेज़ी स्कूल, कमज़ोर पढ़ाइयाँ
सभी कुछ तो है महानगर जैसा

लेकिन कुछ अभी अधूरा है
उम्मीदें हैं
नौकरियाँ नहीं
कारें हैं
सड़कें नहीं
बैंक हैं
उधार नहीं

कल जब ढेरों बारिश हुई
तो शहर में हर तरफ़ पानी ही पानी भर गया था
बग़ल के गुप्ता जी ने कहा
अब तो अपना देहरादून भी मुंबई सा बन गया है
क्या वाक़ई?

11

छोटे शहर का छोटा जहाज़

छोटे शहरों के लिए
छोटे हवाई जहाज़ उड़ते हैं
सीट छोटी, सिकुड़े से सिमटे हम
पहली बार जहाज़ में बैठे सकुचाये कुछ लोग भी

उन्हें ट्रेन ज्यादा पसंद है
खुल के बैठो, खुल के बोलो
जो मर्ज़ी करे खाओ, खिलाओ
अब जहाज़ में तो सब मुंह फिराए रहते हैं
भई सात– आठ घंटो का सफर, महज़ चालीस मिनटों में
फर्क तो है
वहां वक़्त काटे नहीं कटता
यहाँ तो किसी के पास है ही नहीं

दूर को पास बनाता है जहाज़
शायद अपनों को दूर ले भी जाता है
गलियों के रिश्ते
बोर्डिंग पास की तरह बड़े फ़ॉर्मल हो जाते हैं

छोटे शहर, बड़े शहर से जुड़ते
अपने आप से कटते
शर्माए हुए एयरपोर्ट पे
कुल्हड़ वाली चाय नहीं मिलती

95

सपने बड़े, जज़्बात छोटे
कसूर जहाज़ का भी नहीं
वो तो वैसे ही है छोटा सा

12

चाना

चाना फ़ाइव स्टार में मसाज़ करता है
मेरे दर्द को अपना बना
हाथों में सोख लेने की कला है उसमें

सात साल हुए
मणिपुर के छोटे से गाँव से निकल
मुंबई आ गया था
बहुत सीखा
सिखाया भी
देश छोड़ बहरीन में भी

पैसे कमाना चाहता है चाना
घर है
बूढ़ी माँ है
शादीशुदा छोटा भाई भी
बहनों ने अपनी गृहस्थी संभाल ली है

धीरे धीरे बहुत हल्की आवाज़ में बात करता है
हाथ बहुत बोलते हैं लेकिन उसके
आप इतने थके क्यों हो?

वो जानना चाहता है?
हैरान है कि मैं घूमता बहुत हूँ
लेकिन आप तो प्रोफेसर हो?
हाँ, मेरा बेटा भी यही पूछता है चाना
हँसते हैं हम दोनो

आप कभी गए हो मणिपुर?
नहीं, सिर्फ नागालैंड जा कर लौट आया
पता है हम दोनो को
क्यों

काश कुछ शांति लौटे
मेरा गाँव बहुत सुंदर है
वहाँ टुरिस्ट आएगा तो
काम मिलेगा सबको
नशा कुछ और होगा तब

बॉक्सिंग है
लेकिन सब के बस की नहीं
आप डिंको सिंह को जानते हो?

हाँ,
हमारा हीरो था सर
मेरा भी

सपना है
अपने शहर में
अपना एक बड़ा मसाज़ पार्लर खोलूँ

एक स्कूल भी
लड़के लड़कियाँ टैलंटेड हैं वहाँ
मेहनती भी

काश नयी सरकार कुछ करे
शांति हो
फिर भारत से टुरिस्ट आएगा
सर, थाईलैंड नहीं
मणिपुर आओ
यहाँ वीज़ा भी नहीं लगता

13

मेरा सरकारी बंगला

मेरा सरकारी बंगला
काफी बड़ा है
लॉन पूरा एक मैदान है,
और कमरे, जिसमें मुंबई के फ्लैट समा जाएं

मुझसे पहले जो बड़े अफसर रहते थे
उन्हें एकांत पसंद था
बड़े बड़े हरे जंगले लगवा दिए
लॉन की दीवार पर
ताकि कोई झाँक ना सके
लोहे के बड़े दरवाज़े के बाहर
एक सिपाही भी
कोई अंदर नहीं आ सकता था

अफसर बड़े थे, और बंगला भी
पर, ये बन्दर बड़े शरारती हैं
ये, कहाँ मानते हैं कोई कानून
पेड़ से उचक कर रोज़ शाम आते हैं मेरी लॉन में
भरपूर खेलते हैं, पत्तियां चबाते हैं
और

स्द्राक्ष की प्लेट से चुरा कभी—कभी केक भी
बिजली का तार झूला है, मेरी कुर्सियां एक खिलौना
बंदरों को ना जाने कैसे पता है
घर क्या होता है

हम तो सिर्फ हरे जंगले से घिरे एक बंगले में रहते हैं
बंगला बड़ा, पर हम, सिमटे से

14

एयरोप्लेन की आईल

एयरोप्लेन में अगल— बगल
बैठे हम अजनबी हैं

बातें कम ही होती हैं
मुस्कुराते हुए भी सोचना पड़ता है
शायद कोई क्या सोच ले?

ईयरप्लग लगाये, स्क्रीन में खो जाना सरल है
गुफ्तगू मुश्किल
कब तक कोई मौसम की खैर मनाये
सिमटे से, आँखें मूंदे, चुपचाप से हम

ज़िन्दगी बांटना कोई ज़रूरी तो नहीं
एयरोप्लेन की आईल अकेली है
और एयर होस्टेस मुस्कुराती है उसे देख
शायद काम है उसका
खिड़कियाँ भी खामोश हैं
मुंह बाए, बादलों को ताकती हैं

फिर बरसों पहले
माँ ने कहा भी तो था
अजनबियों से बातें नहीं करते

15

शेल्फ और किताबें

लकड़ी की शेल्फ पर किताबें सजाना
जमाना, बिगाड़ना
निकालना झाड़ना
पढ़ना, पढ़ाना
इन सब का एक अलग ही मजा है

बरसों से इकट्ठी हुई हैं एक हुजूम सा है इनका
यह बोलती हैं
बड़बोली भी
जिद है कि बड़ी पीछे रहे, छोटी आगे

अपना– अपना अड्डा बना लेती हैं
देश, भाषा, कवि, लेखक, सब बहाने हैं
इनकी अपनी दुनिया है
हर नयी दीवार की वही पुराने शेल्फ पर

मैं ठहरा बंजारा, शहर– शहर, फिरता हूँ
यह भी साथ चलती हैं
किसी दोस्त ने कहा
काहे इतना बोझ ढोते हो भाई

एक किंडल रख लो
सुना है पचास हज़ार किताबें समा जाती हैं उसमें
मानो कुम्भकर्ण का पेट हो

पर इनमें अपनापन है
परिवार की तरह
कोई शक्की, तो कोई झक्की
पर कुनबा तो अपना है

क्या हुआ जो बरसों नहीं मिलते,
कभी देख लिया यूं नज़र भर
झाड़ा, सजा दिया फिर से

किताबें मेरी तरह हैं,
बंजारी
शेल्फ भी, पुरानी, अधेड़, शीशम की
अब इन्हें स्क्रीन में कैसे कैद करूँ?

16
कागज़ के रिश्ते

कागज़ का क्या है
दस्तखत किये तो एक हुए
फिर दस्तखत
तो अलग

दिल जब जुड़ते या टूटते हैं
तो आवाज़ नहीं होती
ये आंसू दिखते नहीं
बस जुबां नमकीन सी रह जाती है

कागज़ का क्या है
बस फ़ाइलों में बंद हो जाएगा
रिश्ते इतनी आसानी से कहाँ आज़ाद होते हैं

खैर
रिश्तों का कागज़ है
और
कागज़ के रिश्ते

17

फ़ोन का चार्जर

फ़ोन का चार्जर हमारी दौड़ती भागती
नौ इंच स्क्रीन में क़ैद ज़िंदगी का, पर्याय सा बन गया है
हर गली नुक्कड़, स्टेशन, ऐयरपोर्ट पर
घर दुकान या कार में
बस मोबाइल चार्जर की ही दरकार है

जैसे बैटरी ख़त्म हुई नहीं कि जीने के मायने ही बदल जाएँगे
रूखी रूठी सी हो जाएगी ज़िंदगी
ब्लैंक स्क्रीन से कोई कैसे गुफ़्तगू करे
अग़ल बग़ल सभी तो अपने अपने स्क्रीन में मुँह गड़ाए बैठे हैं
सिर उठा बमुश्किल मुस्कुरा दिए जैसे कोई क़र्ज़ उतार दिया हो बस

अब यूँ ही ख़ाली बैठे सोचने की, कुछ समझने की, आदत भी छूट गयी है
कुछ इंचों में ज़िंदगी कैसे सिमट जाती है
यह अब पता चलता है
पहले दरवाज़े बंद हुए
फिर खिड़कियाँ
मोहल्ले की हवाओं को भी जैसे बाँध दिया हो हमने

पड़ोस में बने हलवे की महक,
अब सिर्फ़ अगले स्टेटस से पता चलती है

मोबाइल, स्क्रीन, चार्जर, ज़िंदगी और हम
नए अप्डेट के इंतज़ार में

18

सिक्योरिटी चेक

मुंबई की भाग दौड़ वाली ज़िंदगी में
एक बार फिर से मैं शामिल था
सुबह– सुबह की फ्लाइट थी
बोर्डिंग कार्ड लिए सब दौड़े चले जा रहे थे
मैं भी

सिक्योरिटी चेक थोड़ा थाम देता है
हमेशा रोबोट की तरह पेश आता हूँ वहाँ मैं
ड्रिल मुझे भी पता है
सीआईएसएफ़ के जवान को भी

पर इस सुबह कुछ नया हुआ
मैं मुस्कुराया तो वो भी
सुप्रभात कहा हम दोनों ने
अपने– अपने नाम देखे समझे
कुछ क्षण बस
थोड़ी बातें, मौसम का हाल
परिवार, बच्चों का स्कूल
हाँ बस इतना ही

उसने मुझे टटोला
कुछ ना मिला, एक मुस्कुराहट के सिवा
बोर्डिंग कार्ड स्टैम्प किया
लौटती मुस्कान के साथ मुझे वापस किया

आज हम दोनों रोबोट नहीं थे
अजय और मैं
क्या पता फिर मिलें
फिर किसी सिक्योरिटी चेक पे
फिर वही टटोलने की ड्रिल
मन तो आज टटोल चुके हैं

19

ज़िंदगी धोबीघाट

ज़िंदगी एक धोबीघाट है
हर रोज़ नए, पुराने
कुछ मैले, कुछ चटक
क़िस्से धुलते हैं
अनजानी कहानियाँ
जेब में रखे नोटों की तरह,
कभी अचानक से मिल भी जाती हैं

स्मालों में क़ैद एक महक के साथ
कुछ गुमशुदा यादें
साबुन के बुलबुले के साथ
फट से गायब भी
उस पुरानी किताब के कुछ पन्ने
सूखे गुलाबों की सुर्खियाँ लपेटे
बूँदों को सोखने की नाजायज़ कोशिश करते हैं

पर यह तो धोबी घाट है
हर लम्हा धुलता है

पानी में घुलता है
नयी दोपहरी की धूप में
सूखेगा फिर से

कोयले की नरम भाप से
ज़िंदगीनुमा इस्तरी
सलवटें हटाएगी
फिर करीने से
सज जाएँगे ये उसी
शीशम की अधेड़ अलमारी के कोने में
मुलाक़ातों की, पहचानों की
रिश्तों की, मुस्कुराहटों की
ज़र्द जमा होगी

फिर से
पुराने अख़बार में लपेट
धोबी लाएगा
वही साबुन का बुलबुला
वही पानी
लम्हों का धुलना, घुलना
आख़िर ज़िंदगी धोबी घाट ही तो है

20
ट्रेन लेट है

रात के दस बजे
सामान लिए,
हाँफते, दौड़ते
प्लैटफ़ॉर्म पर पहुँचा
ट्रेन ना थी
एक बार फिर से
वो लेट है,

मन खीजा
ज़ोर से चिल्लाया,
कमबख़्त अब बारह बजाएगी

सामान उठा
इधर– उधर देखा
हसरत भरी निगाहों से
जगह तलाशी
ना मिली
उन लोहे की बेंचों पर
जम जमाये लोगों ने
अचानक सामान फिर ज़माना शुरू कर दिया

कहीं दो इंच जगह
मुझे दिख ना जाए
स्माल रोक जगह बना लेने की कला
में हम सब बड़े कुशल हैं

एक खम्भे से कंधा टिकाए
अपने आप को मशगूल करने की कोशिश की
कुछ मच्छर मारे, कुछ मन
लोगों को देखा
मस्त लेटे कुत्तों को भी

कूली हताश हो सवारी तलाश रहे थे
मेरे पास तो ट्राली बैग है
सुबह के बने ताज़ा समोसे
किसी की भूखी ललचाई जीभ खोज रहे थे
बगल की सीट में दो ताश, तीन मूँगफलियों ने अड्डा जमा लिया था
अनाउन्सर भर्राए गले से बड़बड़ा रहा था
हाँ भाई ट्रेन लेट है

चाय वाला लड़का
गरम पानी में पत्ती घोल
झल्लाए माहौल में
कुछ रंग भरने की कोशिश में था

अपनी ट्रेन से पहले
दूसरे प्लेटफार्म पर खड़ी ट्रेन को
सीटी मार यूँ निकलते देखा
तो

जम कर ईर्ष्या हुई
मुई ज़िंदगी भी
कभी– कभी ऐसे ही करती है

वेटिंग रूम बाहर तक बिखरा था
सेल्फ़ी लेती लड़कियाँ
अब फ़ोन चार्जर खोज रही थीं
स्टेशन मास्टर साहेब भी
खाना निपटा मोबाइल पर
गेम खेल रहे थे
कुछ सुस्ताने लगे
कुछ खर्राटे मारने
ट्रेन तो बारह बजाने ही वाली है

कुछ लोग उठे
मैंने कोहली की फुर्ती से
झपट के बेंच हथिया ली
झटपट सामान जमा
फट से बैठ गया
अब यह स्माल मेरा था

अब आराम से दो चाय मारी
पुराने नॉवल को उठा
ग़लती से सही
इन चंद फ़ुर्सत के लम्हों को पकड़
फिर से उन पन्नों को पलटने लगा

गार्ड के रेडीओ में चलते
विविध भारती के गीत
अब शोर नहीं थे
रात के सन्नाटे में
झिंगरों को सुनता
भागती ठहरती भीड़
को जीवंत देखता
अनजाने चेहरों को समेटता
विचारों को कुरेदता

ट्रेन लेट है
इसी बहाने
ज़िंदगी के कुछ पल मिले
जी लिया
भीड़ में
एकाकी
सफ़र और रात
अभी बहुत है बाक़ी

21

लोअर बर्थ

बात कुछ नहीं
लोअर बर्थ की थी
एक मुद्दतों बाद मुझे नसीब हुई थी
वरना
सेकंड ऐसी का टिकट ले
साइड अपर मिले
तो लगता है कि पूरे जहाँ में
आपसा बदनसीब कौन होगा
पैसे पूरे
बर्थ पौनी

आज मिली
ख़ुश था मैं
सीट तलाशी
तो उस पर
मस्त लेटे हुए एक साहब मिले
मैं झिझका
टिकट चेक किया
तेरह नम्बर चेक किया
सही था

मैंने सहम कर पूछा
आपकी सीट कौन सी है?
वो थोड़ा ज़ोर से बोले
सेकंड ऐसी है

मुझे मालूम है जनाब
आपकी सीट कौन सी है?
रौब कम ना हुआ
कहा सभी हैं
चौदह–सोलह
जो चाहे ले लो
मानों मुझे ख़ैरात दे रहे हों
मैंने शांत स्वर में
अपनी तेरह की माँग की
वे ऐसे स्ठ के उठे जैसे
जहाँ छीन लिया मैंने
छिटक कर अलग हुए
मुझे तिरस्कार वाली नज़र से देखा

फिर मैंने अपनी चादर उनकी बर्थ पर रखी
और सीट सीधी कर रहा था कि वे ग़ुस्सा के बोले
यह कम्बल और चादर हटाओ
ये मेरी बर्थ पर रख नहीं सकते
मै चौंका
बहस करना बेकार था
उनकी लोअर बर्थ जो मैंने छीन ली थी
उसपर अधिकार मान वो जमे थे

शायद मेरा मन छोटा था
उन्हें लोअर बर्थ ना दी
उनके व्यवहार से बुरा लगा
सफ़र में हमेशा साथी चीकू मिले यह सम्भव नहीं
कभी करेला भी मिलेगा
अच्छा अनुभव है

कल सुबह
ना ये बर्थ मेरी होगी ना उनकी
फिर कोई नया यात्री आएगा
नयी चादर ओढ़
वो भी सो जाएगा

आज की रात
ये लोअर बर्थ मेरी है
मैं शांत हूँ
नींद भी

ईर्ष्या, द्वेष, हठ
ऊपर की बर्थ पर खर्राटे ले रहे हैं

22

परिवार

परिवार
कुछ लोगों का हुजूम नहीं होता
जो सिर्फ़ एक छत साझा करते हैं

परिवार एक अहसास है:
उन रिश्तों का
उन उम्मीदों का
आँचल में समेटे उन दर्दों का
आँगन में फैले ठहाकों का
माँ के नरम स्पर्श का
पापा की गरम बातों का
छोटों की किलकारियों का
जवानी की फुलवारियों का
उन साथ देखे सपनों का
अजनबी बने अपनो का
रिमोट बदलते हाथों का
मस्ती भरी लातों का
नाराज़ बैठे मामे का
शादी में हुए ड्रामे का
नाश्ते पे लड़ाइयों का

रात जगी पढ़ाइयों का
उधार के उन पैसों का
दाल बाटी और चैंसो का
रूठने का
मनाने का,
आधी रात में जगाने का
बदमाश चुग़लियों का
नन्ही– नन्ही उँगलियों का

कभी पूरा
कभी अधूरा अहसास
प्यारा महकता सा अहसास

23

आसमान नहीं दिखता

मुंबई की एक दोस्त
बिपाशा से बात हो रही थी
यूँ ही जैसा अक्सर होता है
बातें बच्चों की ही होती हैं
तनु जो उनकी बेटी हैं
होनहार है, पंद्रह बरस के क़रीब
स्द्राक्ष भी उतना ही है
तनु शास्त्रीय संगीत सीखती है
स्द्राक्ष ब्लैक होल खोज रहा है, तारों में बड़ी दिलचस्पी है
बिपाशा बोली, तारे छोड़ो
मुंबई में आसमान भी नहीं दिखता
क्या सही में?

हाँ धुएँ के ग़ुबार में
कसमसाते चाँद को देखा कभी कभार
वो जिस मर्तबान में बंद है
उसमें धूल ही धूल जमी है

छत पे जाना बेमानी है
सांप की तरह लटकते इन बिजली के तारों के सिवाय कुछ नहीं दिखता

और आसमान के तारे?
वो अपनी धरती खोजते हैं
हम अपना आसमान
क्या रुद्राक्ष बता पाएगा अपना मरता तारा
 उससे जन्मता ब्लैक होल
मुंबई की तनु को?

24
अगर मैं पेड़ होता

उसने कहा
कि अगर तुम कोई पेड़ होते तो क्या होते?
मैं तो चम्पा होती, कुछ श्वेत, कुछ नारंगी
इतरती, ख़ुशबूनुमा
रात की चाँदनी में नहाती

मैं सोचता रहा
कि क्या होता?
वो बाँज जो अकेले
टूटे ख़ाली पड़े
गाँव के घर के बग़ल में है?
या
गली का नीम?
मंदिर से सटा बरगद तो नहीं?

शायद इन सब में मेरी अब दिलचस्पी नहीं

मैं तो गुलमोहर हूँ
हाँ गुलमोहर
वही जो पुरानी यादों में खो

अपनी जवानी ज़िंदा रखता है
गरमियों की धूप में जहां सब मुरझाते हैं
गुलमोहर पत्तियाँ गिरा
पूरा सुर्ख़ हो जाता है
बीते सालों के लम्हे
अपनी टहनियों में बांधे रहता है
गलियों के क़िस्से सुनता है
अपने बीजों में समेट
आने वाली पुश्तों को बाँट देता है
पीढ़ियाँ बदलती हैं
वो लैम्प पोस्ट भी
गली के मकान भी बदल गए
रहने वाले भी
पर मैं नहीं

गुलमोहर कभी बूढ़ा नहीं होता

25

ग़लत बोर्डिंग गेट

अभी– अभी अमेरिका पहुँचा

बड़ी मुश्किल से इमिग्रेशन पार किया

हज़ार सवाल

कौन हूँ

क्या करता हूँ?

ये सब निपटा मैं फिर भागा

दूसरी फ़्लाइट के लिए

बिना चश्मे के बोर्ड में तलाशा

अपना बोर्डिंग गेट खोज

कॉफ़ी लिए बैठ गया

लगा अब आराम है

अनाउंस्मेंट होगा तो फ़्लाइट मिली समझो

फिर उड़ूँगा एक नए सफ़र में

एक नए शहर में

कुछ खोजने

कुछ पाने

जब काफ़ी देर तक कुछ हरकत ना हुई

तो दिल घबराया

पूछा–पाछा

पता चला
मेरा गेट ही गलत था
जैसे– तैसे फ़्लाइट पकड़ी
उफ़्फ़
बात कुछ नहीं बस
ग़लत गेट पर इंतज़ार की है
शायद
हमारी ज़िंदगी की तरह
भागते– भागते
कई बार
हम ग़लत गेट पर खड़े रहते हैं
इंतज़ार में
कोई
नयी उम्मीद
नया मौका
कोई दोस्त
कोई साथी
नयी दुनिया
कोई देश
कोई विशेष

फिर हताश हो
बहुत कुछ मिस कर जाते हैं
बात
इन्तज़ार की नहीं
ग़लत बोर्डिंग गेट की है

26

अगर तुम बोल सकते

आज, कई दिनों बाद घर लौटा
सबसे पहले बडी़[2] से मिला
वो एक बीगल है
बहुत लिपटा
पूँछ हिलायी
भौंका, चिल्लाया मुझ पे
फिर रोने लगा
मुझे पता है
कि तुम बोल नहीं सकते
मगर तुम्हारी हर बात महसूस करता हूँ मैं

काश कि तुम बोल सकते
तो शायद कहते :
कि
मेरे जाने के बाद
दो दिन तक तुमने खाना नहीं खाया
मेरा इंतज़ार किया
फिर सो गया

---

2   पिछले साल वो दुनिया से हमेशा के लिए चला गया

मैं नानी के घर हूँ
अकेला
क्या पता वो कमबख़्त बिल्ली क्या कर रही होगी?
मेरी दोस्त चिड़ियाँ मुझे खोजती होंगी
लीची के बाग़ में

तुम कहते
कि
स्द्राक्ष कहाँ है?
उसका स्कूल नहीं खुला क्या?
वो बदमाश है
मेरा खिलौना ले कर भाग गया था
फिर मैंने भी उसकी कापी फाड़ दी
हो गया बराबर

तुम कहते
कि
मम्मी के हाथ की करारी रोटी
और ईज़ी डे वाला चिकन
एक हफ़्ते से वो भी नहीं खाया

तुम ये भी कहते
कि
मेरे बाल आपके शर्ट में चिपक गए?
अच्छा हुआ
अब नहलाओ
मस्त मालिश भी चाहिए मुझे
मेरे लिए अमेरिका से क्या लाए?

नया खिलौना?

तुम कहते
कि
अकेलापन तुम्हें अच्छा नहीं लगता
कब तक बालकनी से बाहर सड़क को देखूँ
रोज़ दरवाज़े की आहट आए तो लगे कि
रुद्राक्ष आ गया! या फिर आप
कब तक सोता रहूँ
सुबह– सुबह आपके साथ घूमना
बहुत पसंद है मुझे
हम सड़क में भागती गाड़ियां गिनते हैं
आम पर कुहकती कोयल सुनते हैं
साइकल से आते–जाते लोगों
को झप्प से डराते हैं
रोज़ नयी घास को पानी देते हैं
बड़ा मज़ा आता है

हाँ तुम ये कहते
वो बोलते
समझता हूँ हर बात
मैं भी
तुम्हारी आँखें पढता हूँ मैं
तुमसे रोज़ बड़बड़ाता जो हूँ
तुम पूँछ हिला बता देते हो
कि
सब समझ गए

सोचता हूँ
बस यही
कि अगर तुम बोल सकते

27

जालीनुमा दरवाज़े

इन जालीनुमा दरवाज़ों की
बात कुछ अलग सी है
एक गुज़रे ज़माने की याद दिलाते हैं ये
वो सत्तर और अस्सी के दशकों की
दुनिया कुछ अलग थी तब हमारी
बहुत सीधी सादी भी
छोटे घर थे
दिल बड़े
टीवी बेरंग था
मगर सपने रंगीन

पाँच घरों में एक फ्रिज था
बारी–बारी से आइस क्रीम जमायी जाती थी
सबका एक स्कूल था
एक ही रास्ता
भागते हुए जाते थे
सरकते हुए आते थे
और पगडंडियाँ कभी कहीं और भी ले जातीं थीं
फिर देर से घर पहुँचे तो
ज़रा जम के सिकाई भी

पड़ोस के घर दरवाज़ों से नहीं
दीवारें फाँद के जाया जाता था
खुले में बड़े स्क्रीन पे अमिताभ की पिक्चर का इंतज़ार सबको रहता था
बीच में बारिश हुई
तो जो भागे
हम भागे
उसका अपना मज़ा था

त्योहारों में
घर की बनी मिठाई
घर घर जाती थी
भगवान भी सबके
हिले मिले थे

होम वर्क कम था
खेल ज़्यादा
सहेलियतें कम थीं
ज़िंदगी ज़्यादा
फ़ोन की आवाज़ें कम
और ख़त की बातें ज़्यादा

वो वक़्त और था
हम लोग भी
इन जालीनुमा दरवाज़ों से
झाँकता हूँ
तो नज़र आता है कभी कभी
थोड़ा धुँधला

थोड़ा गहरा
थोड़ा अपना
थोड़ा पराया
थोड़ा मेरा
थोड़ा तुम्हारा

28

कुर्सियाँ और इंतज़ार

इंतज़ार करना कुर्सियों की पुरानी आदत है
यूँ ही ख़ाली बैठे
कभी दो पल
कभी बरसों

इनमें ठहराव सा है
इन्हें बुरा नहीं लगता
इनके पास वक़्त भी है
फिर कोई मिल जाए
तो गुफ़्तगू यूँ ही शुरू होती है

इंतज़ार के अपने मायने हैं
कि
देखो तुम्हारी क़द्र है
रिश्ता है तुमसे
स्ठेंगे लेकिन हो तो तुम अपने
जल्दी काहे की

आ जाओ
फ़ुर्सत है
ये बड़ी मुश्किल से नसीब होती है

कुर्सियाँ इस मिज़ाज को समझती हैं
तभी पड़ी रहती हैं
खड़ी रहती हैं
धूल जम भी जाए
तो फूँक मार हटा देती हैं
इनमे शऊर है
एक तमीज़
जो सिर्फ़ इंतज़ार समझता है

कुर्सियों को इंतज़ार करना आता है
इसका भी एक सबब
एक मज़ा है
एक अपनी दुनिया
अपनी बातें
अपने ख़्वाब
अपने अपने तस्सवुर भी

29

बूढ़े दरवाज़े

बरसों से
इन बूढ़े दरवाज़ों से
कोई आया गया नहीं
एक हवा है जो
वक़्त बेवक़्त
खटखटाया करती है

उन टूटे शीशों के घाव
कुछ भरे, कुछ हरे हैं
कुन्डियों की चरमराहट
कराहती है कभी

भूरी झुर्रियाँ
कुछ बीती दास्तानों को
अपने अंदर क़ैद रखती हैं
बग़ल की दीवारों से
जाने ईंट रिसती है
या लम्हे

30

लाल लाल ललाट हैं

लाल लाल ललाट हैं
मोक्ष के कपाट हैं
दृग नयन क्या खोजते
स्वर क्या हैं बोलते
घूमता मैं जग जहाँ
शिव शिव है कहाँ
लालसायाएँ मर चुकी
इंद्रियाँ भी हर चुकी
घर मिला ना कन्दरा
भटक भटक यूँ फिरा
साधु ना फक्कीर मैं
तुलसी ना कबीर मैं
चल रहा यूँ अनवरत
कदम कदम अनगिनत
ना राह है ना रास्ता
आज से ना वास्ता
खोजता स्वयं स्वयं

मारता अहम अहम
जो जन्मते घाट हैं
मरण के भी पाट हैं
लाल लाल ललाट हैं
मोक्ष के कपाट हैं

चौथा भाग: कुछ बिखरे ख्याल और आवारा लम्हे

1

काग़ज़ की सलवटों पे इस्तिरी

काग़ज़ की सलवटों पे इस्तिरी करोगे तो क्या पाओगे?
पानियों के लिहाफ़ ओढ़ते हो और गीले भी नहीं हो तुम
वैसे मिट्टीयों के झरने में इंद्रधनुष देखा था क्या?

2

लाला का सूद

तपती दुपहरी में तेज़ घूमते पंखे
के कोनों में जो जमी धूल है
धीरे धीरे बरसों चढ़ी है
मानों जैसे
लाला का सूद हो

3

पानियों को पनाह

इन पानियों को पनाह मिल गयी है
तेरे माँझी को बोल कि ठहर जाए थोड़ा
उस ठूँठ खड़े पेड़ में पत्ते
बहुत वक़्त से आए हैं

4

रंगों का झोला

मेरे रंगों का झोला भरा हुआ है
रोज़ एक निकालता हूँ और सफ़ेद चादर पे बिखेर देता हूँ
फिर हौले हौले अपनी कूँची से
ज़िंदगी उकेरता हूँ

मेरी दीवार पे टँगी ये जिंदगियाँ
कभी तेरे घर की रौनक़ बने शायद

5

काली रात के गुलाब

ये जो आवाज़ है
अब मैं सुनता नहीं
कँटीले तारों पे अब
मैं सपनों को बुनता नहीं
जंगलों के पार उस पहाड़ी पे
जो जुगनुओं का डेरा है
काली रात के गुलाब यूँ चुनता नहीं

6

पिघलते सूरज की वो शाम

पिघलते सूरज की वो शाम
कब की ढल चुकी
झोली में तेरे बस कुछ रंग बचे हैं
सोचता हूँ इस होली
लुटा दूँ दुनिया पे
रंगों के धनुष अब टूटते नहीं

वो आसमानी उल्का
गिरी जहाँ थी उस रोज़
वो ज़मीन अभी भी गहरी है

7

कालिख पुते चूल्हों को

ढलती शाम के साये में
ये दीया सलायी किसने जलायी है?
घर लौटते पंछियों के घरों में
कल रात कुछ जुगनू ठहर गए थे
ख़ामोश कालिख पुते चूल्हों को
एक शोले ने आवाज़ दी है शायद

8

काला चाँद

ज़िंदा लाशों के मुर्दा स्याहों को
अधर में टंगे ख़्वाबों को
समंदर की नमकीन रेतों के बीच
जाने कैसे
उस काले चाँद को दफ़ना दिया है मैंने

9

बूँदों की परछायी

ये माना कि बूँदों की परछायी नहीं होती
फिसलती पत्तियों की आग में
तनहाइयों की आहट
बड़ी देर में सुनायी दी मुझे

10

तेरे वादों को

तेरे वादों को राशन की दुकान पे
गिरवी रख आया हूँ
कभी चावल लेता हूँ, कभी चीनी
नमक तो इन आँखों में बहुतेरा है

तेरे ख़यालों की लालटेन अच्छी थी
उसी की लौ से थोड़ा बहुत उजाला था
जाने कैसे उस रोज़ घर जला यूँ मेरा

11

चाहतों की पोटली

तेरी चाहतों की पोटली बाँध ली है
एक एक दाना निकालता हूँ
मछलियों को थोड़ा थोड़ा बाँटता हूँ
वहीं उस दरिया के किनारे, जहाँ हम बैठा करते थे
वो कश्ती तो पिछले सावन डूब गयी
जब ख़ूब ज़ोर बरसीं थीं आँखें तेरी

12

यादों के धब्बे

तुझे लिखने बैठा तो दवात की स्याही सूखी थी
क़लम की निब को ज़ोर पटका भी था
एक आध बूँद छटकी तो क़मीज़ का धब्बा बन गयी
पिछली होली पे रंग दिया था उस क़मीज़ को
तेरी यादों के धब्बे अब दीखते नहीं

13

जिल्दों में एक ज़िद

उन सूखे गुलाबों को फेंका नहीं है मैंने
तेरे साये की महक है अभी भी उनमें
किताबों की जिल्द के पीछे जो सपने तूने छुपाए थे
एक रोज़ मिले थे मुझे उस सेकंड हैंड वाली दुकान में
नए दाम देकर घर लाया था मैं
उन जिल्दों में एक ज़िद जो क़ैद थी

14

लम्हों की झुर्रियाँ दिखती नहीं

धुँधलायी तस्वीरों की एक बात अच्छी है
चेहरे बूढ़े नहीं दिखते
काग़ज़ में सलवटें लाख पड़ें
बीते लम्हों की झुर्रियाँ दिखती नहीं
तेरे कैमरे की वो रील, बंद है आज भी अलमारी में
नाउम्मीदों के काले कमरे में अब कौन उन्हें सफ़ेद करेगा

15

कालिखों का बाज़ार

इन कालिखों के बाज़ार में
सफ़ेद क़मीज़ पहन घूम रहा हूँ मैं
पढ़े लिखे क़ाबिलों के हुजूम में
एक सरफिरा ढूँढ रहा हूँ मैं
यूँ ही आसमानों को रंगने की चाहत क्या बुरी है?

16

आज़ाद रूह

खुली छत है पर आसमान तो नहीं है
ये ज़िंदगी यूँ ही आसान तो नहीं है
इन मुस्कराहटों में कब से दर्द छिपाए बैठी थीं तुम
आज़ाद रूहों को क़ैद करना आसान तो नहीं है

17

तुम्हारा ग़रूर

ये जो चढ़ा लिया है तुमने मुझे अपनी निगाहों में
पलक झपकते कहीं गिरा तो ना दोगे
तुम्हारा ग़रूर हूँ मैं, बिखर जाऊँगा काँच सा यहाँ वहाँ
डरता हूँ, कहीं तुम्हारे दिल को चुभ ना जाऊँ

18

आहों की तबियत

आँखें आधी सोयी, आधी जगी हुई हैं
ज़िंदगी बीच आसमानों में टँगी हुई है
ये जो बादलों के बीच से गुज़रता हूँ मैं
जैसे आहों की तबियत रंगी हुई है

माना कि उन बातों का ज़माना गुज़र गया
खोयी खोयी रातों का फसाना गुज़र गया

ख़्वाब भी भागते रहे, जाने कब
उस गली में तेरा आशियाना गुज़र गया

तेरी चाहतों का रास्ता अब याद नहीं
दिल की राहतों की कोई फ़रियाद नहीं
जिन आवाज़ों को दफ़न कर चुका उनकी
लौटती चौखटों के सुनसाने आबाद नहीं

19

अजीब हैं ये मकड़ियाँ

ये जाल जो थोड़ा फट गया है
लम्हे रिस गए थे कल
उन मकड़ियों को पूछा था मैंने कि
उन लम्हों का क्या हुआ?
बोलीं कि
जो गुम गए सो गुम गए
आज कुछ नए सिए

फिर इन पत्तियों को देखो
हर मौसम में रंग बदलती हैं
खिलती, पकती, फटती, बिखरती हैं
और वो फूल

जिसे बस बसंत का इन्तज़ार रहता है
अब हवाएँ हैं
तो हरकत भी
तभी तो हम भी ज़िंदा हैं

अजीब हैं ये मकड़ियाँ
सिर्फ़ जाल नहीं
ज़िंदगी बुना करती हैं

और मैं?
बीते, छूटे, रिसे हुए लम्हे तलाशता हूँ

20

घोंसलों में छत

घरों को बांधे रखना

या

मकानों में बंद होना

अब ज़िंदगी ऐसे तो नहीं कटती

पंछियों के घोंसलों में छत नहीं होती

21

उजाड़ घरों की चाबियाँ

हवाएँ बंधी हुई हैं, अटकी साँसों की तरह

हर सोच पर करफ़्यू लगा रखा हो जैसे

उजाड़ घरों की चाबियाँ चेनाब की तलहटी में हैं

22

बात मेरे इंतज़ार की

ये वो ख़त हैं जो मैंने तुझे लिखे नहीं
वो सारे वादे जो तूने कभी किए नहीं
इतनी सारी बातें जो हमने कभी करी नहीं
बात उस ना दिए पते की नहीं
बात मेरे इंतज़ार की थी

23

तुझे जल्दी थी

तुझे जल्दी थी
मिलने की
प्यार में उतरने की
बातें करने की
आने की
चले जाने की
पर

मुझे ज़रा वक़्त लगता है
हर चीज़ में
तेरे कुछ महीने भी ना थे
मुझे सालों साल लग गए

24

वीरानी सड़क

वीरानी सड़कों पे पानियों के छपाके जाने क्यों अजनबी नहीं लगते
फटे सुराखों से आती हवा हड्डियाँ गलाती है
धमनियों में दौड़ता रक्त आज फिर अपनी रंगत बदलेगा

25

धुओं का पानी

उस दरख़्त को चीर कर अपने अलाव तूने जलाए तो बहुत हैं
खौलते कड़ाहों में अरमान गाढ़े भी किए होंगे
फिर क्यों
आँखों के धुओं का पानी जब तब टपकता है?